[CO]NSEILS PRATIQUES

AUX

PERSONNES QUI COMPARAISSENT EN JUSTICE

PAR

Ernest CHAUVEAU
Docteur en Droit

Prix : 1 fr. 50

PARIS
EN VENTE CHEZ L'AUTEUR
40, BOULEVARD DE CLICHY, 40

1903

CONSEILS PRATIQUES

AUX

PERSONNES QUI COMPARAISSENT

EN JUSTICE

PAR

Ernest CHAUVEAU

Docteur en Droit

PARIS

EN VENTE CHEZ L'AUTEUR

40, BOULEVARD DE CLICHY, 40

—

1903

PRÉFACE

LA JUSTICE

La Justice devrait occuper dans les Institutions sociales la première place.

C'est elle qui dans la lutte quotidienne pour l'existence, dans la mêlée des intérêts, des appétits, dans les rivalités de toute nature qui mettent aux prises les individus, a la haute mission de maintenir la paix, d'entretenir l'harmonie, dans les limites du possible.

Tant vaut la Justice, tant vaut un pays, peut-on dire.

Des circonstances multiples et longuement débattues, nous forcent de reconnaître que si la Justice est souvent aveugle, elle est presque toujours boîteuse. Les nombreuses facéties sur ses interminables lenteurs sont trop connues du public pour qu'il soit nécessaire de s'y arrêter.

Cependant, quelqu'imparfaite, incomplète et même défectueuse qu'elle soit, elle n'en est pas moins l'Institution la plus indispensable qui soit dans une Société civilisée et chaque individu peut du jour au lendemain être exposé à devoir y recourir, tout comme à devoir y rendre compte de ses actes.

Un bon arrangement, ce n'est que trop vrai, vaut toujours mieux que le meilleur des procès.

Mais il est des cas où l'on est bien contraint de soumettre un différend aux Tribunaux, où on ne peut éviter que la Justice se mêle de vos affaires.

Un arrangement, d'ailleurs, suppose toujours des parties conciliantes et il est rare quand des personnes sont divisées d'intérêts au point de vue moral ou matériel, qu'elles aient assez de sagesse pour tomber d'accord sur le règlement de leur différend.

Ce n'est du reste pas un mal que de savoir à l'occasion défendre énergiquement ses droits.

La force, sous les multiples aspects qu'elle revêt dans notre état social actuel : pouvoir, administration, capital, influences, n'a déjà que trop de tendance à empiéter sur les droits de l'individu qui, trop faible, préfère avouer son impuissance plutôt que de tenter la résistance qui serait vaine dans la plupart des cas.

Il n'est pas douteux que les déboires sont considérables dans la lutte pour le Droit. Les embûches, les obstacles, les résistances, les avanies de tout genre qui sont semés sur la route ont découragé tant de gens, qu'on peut affirmer sans exagération que celui qui ose affronter la Justice ne manque pas d'un certain courage.

Les magistrats sont des hommes et obéissent malheureusement trop souvent à de multiples raisons qui n'ont rien à voir avec l'équité.

Dans beaucoup de pays, notamment en France et en Belgique, la situation des Juges est beaucoup trop dans la dépendance des gouvernements qui peuvent influer sur eux par la promesse d'avancement, d'honneurs, de distinctions de tout genre dont ils ont la disposition.

La situation des magistrats inférieurs surtout est beaucoup trop précaire pour que ceux-ci puissent se permettre de faire fi des nombreuses influences qui tendent sans cesse à peser sur leurs décisions.

L'Angleterre, sous ce rapport, est de beaucoup en avance sur les pays du Continent. Le magistrat y occupe une position si supérieure à tous les points de vue dans la hiérarchie sociale, qu'il y a beaucoup de chances pour qu'on puisse attendre de lui le maximum possible d'indépendance humaine, en présence de toutes les influences morales et mondaines qui sans cesse le sollicitent.

Un sérieux obstacle encore à la bonne distribution de la Justice est dans les frais énormes qu'elle comporte.

Il existe il est vrai l'institution du Pro Deo, qui malgré ses nombreux vices, rend néanmoins quelques services. Mais elle est d'une notoire insuffisance.

Considérable est le nombre des justiciables qui ne remplissent pas les conditions voulues pour obtenir la gratuité, alors que leur situation plus que modeste leur interdit de tenter l'aventure judiciaire dont ils ne peuvent jamais soupçonner la longueur ni l'étendue des frais.

La gratuité de la Justice est d'ailleurs un article inscrit au programme des partis avancés et nul doute qu'elle se réalisera tôt ou tard.

Le jour où cette réforme capitale sera accomplie, avec une bonne refonte des lois surannées de la procédure et un recrutement rationnel de la magistrature, on pourra dire que la Société aura fait un grand pas.

CONSEILS PRATIQUES
AUX PERSONNES
QUI COMPARAISSENT EN JUSTICE

CHAPITRE PREMIER

LE ROLE DU TÉMOIN

Une idée très répandue et courante, particulièrement dans la classe populaire, est d'attacher une espèce de déconsidération, au fait de devoir comparaître en justice.

Ce sentiment, se traduit fréquemment chez un homme du peuple, lorsqu'il veut établir son honorabilité, par cette sortie à tout le moins étonnante : « Je n'ai jamais dû comparaître en justice, pas même en qualité de témoin. »

Cette notion absolument fausse, doit disparaître de nos mœurs et à ce sentiment de crainte ou de déconsidération, il faut que se substitue l'idée vraie, juste, du plus haut des devoirs, dont un citoyen libre puisse être investi.

Beaucoup de personnes, plus ou moins avec raison, se glorifient d'avoir été appelées à faire partie d'un jury, en Cour d'assises.

Pour peu qu'on réfléchisse, cependant, à la diversité des tâches, il n'y a pas plus d'honneur pour un homme à avoir été investi temporairement de la lourde charge d'être juge, qu'à avoir été invité à donner publiquement et solennellement, avec les conséquences graves de responsabilité qu'entraîne une telle déclaration, son appréciation sur un fait quelconque.

Le témoin en justice est le plus précieux auxiliaire et exige de la part du tribunal, des avocats et des parties en cause, une confiance qui n'est pas minime. C'est lui en réalité qui est l'arbitre suprême. C'est à son jugement, à ses lumières, à son honorabilité à la considération dont il jouit, qu'on s'en remet du soin de trancher une question parfois des plus graves ou des plus délicates.

Les juges ne font jamais que se prononcer sur la valeur des preuves qu'on leur soumet et particulièrement de celles qu'on peut déduire d'un témoignage.

Évidemment l'avis du témoin n'est pas toujours décisif. Cela dépend d'une quantité de considérations trop longues à énumérer ou à examiner ici.

Mais il n'en est pas moins vrai que c'est sur ses dires, ses affirmations, ses appréciations, ses contradictions, que porte toute la discussion judiciaire.

Sans doute il y a les inconvénients de la tâche. Quelque soit l'honorabilité du témoin, les parties en cause le discutent. On scrute son existence ; on en recherche les points les plus minutieux ; on commente la valeur de son jugement, sa probité, ses antécédents, son degré de véracité, son intérêt dans la cause, ses sentiments d'animosité ou de bienveillance.

Mais n'est-ce pas précisément là, toute la grandeur du rôle auquel un homme puisse être appelé, que de pouvoir impunément braver cette critique minutieuse, ce crible par lequel on fait passer toutes les actions de son existence, et pouvoir opposer un front impassible à tout ce flux de méchancetés humaines contenu et à l'assaut de son honneur.

Loin de se considérer comme diminué, amoindri, tout homme appelé dans sa vie en qualité de témoin, devrait s'en glorifier et relevant la tête, se dire : Si la justice ne m'avait pas cru digne de considération elle n'aurait pas jugé à propos de m'entendre et de faire état de mes déclarations. Voilà la juste notion, le sentiment vrai, qui devrait courir les masses.

Quelle marque de confiance plus grande peut-on donner à un homme que de s'en remettre à lui, sur sa simple déclaration, du soin de rétablir la vérité, de défendre son honneur ou ses intérêts. C'est cependant là le rôle exact du témoin.

Mais que celui-ci ne s'y trompe pas. Il n'a pas à plaider devant un tribunal. Ce sont ses affirmations qui font foi, et non ses discours ou ses arguments.

On ne lui demande pas un raisonnement sur l'affaire que l'on juge, on lui demande un fait. Aussi qu'il se garde avant tout, de mettre trop de chaleur dans sa déposition. L'avocat, qui y est intéressé, ne manquerait pas d'exploiter cet excès de zèle, contre la partie à laquelle il a voulu rendre service.

Le témoin doit strictement se borner à dire au Tribunal, ce qu'il sait, ce qu'il a vu, entendu, ou bien comment il apprécie tel fait, ou telle personne. Mais quand on lui réclame son appréciation, on ne lui demande pas en même temps de défendre sa manière de voir. Ceci ne rentre plus dans son rôle, mais bien dans la mission de l'avocat.

Du moment qu'il a fait sa déclaration, dans les limites qui lui sont tracées par le Président, il n'a plus rien à y ajouter. C'est tout ce qu'on exige de lui. Sa tâche est terminée.

CHAPITRE II

CE QU'IL FAUT RETENIR DANS UNE ASSIGNATION

La plupart du temps, lorsque l'huissier vous remet une assignation, vous en êtes prévenu et vous attendez à la recevoir d'un moment à l'autre ; soit qu'il s'agisse d'une contestation, soit que vous ayez commis un délit pour lequel des poursuites sont exercées, soit que vous soyez appelé en qualité de témoin ou d'expert, à déposer dans une affaire quelconque.

Il arrive cependant qu'une citation en justice tombe chez vous à l'improviste. Il est bien rare que celle-ci soit reçue sans provoquer un moment d'émotion.

Si vous êtes présent et que celle-ci vous soit remise en personne, il vous sera toujours loisible de demander quelques explications à l'huissier, qu'il ne pourra d'ailleurs jamais vous fournir que d'une façon très vague.

Pour s'y reconnaître dans le libellé d'une assignation, il importe de dégager toutes les formules de procédure presque toujours conçues en termes incompréhensibles pour les non initiés, du fond et de l'objet du litige qu'elle exprime.

Quelques indications simples suffisent pour s'y retrouver par soi-même.

La première chose à examiner est de savoir si la pièce qui vous a été remise vous concerne bien personnellement. C'est un point facile à élucider. Passez rapidement sur tous les considérants de toute nature et arrêtez vous à l'endroit où l'huissier se faisant connaître, déclare immédiatement après, avoir donné assignation au sieur : (nom et prénoms), exerçant la profession de ....., domicilié à .....

Vous verrez aisément si ce sont bien vos nom, prénoms, profession et domicile qui y sont exprimés ou bien s'il y a confusion par similitude de noms et parfois de profession en même temps. Ceci arrive très fréquemment dans les petites localités, où il existe des quantités de personnes, par suite de parentés proches ou éloignées, qui portent mêmes noms et prénoms et exercent souvent des professions identiques.

Il y a lieu ensuite de vérifier à quel titre vous êtes assigné, c'est-à-dire, soit à titre personnel ou à titre d'associé, de co-intéressé, de solidaire, de civilement responsable, de caution, etc., etc., de témoin ou d'expert.

Toutes ces qualités sont exprimées immédiatement après les noms et prénoms et rien n'est plus simple que de s'en rendre compte. Votre situation évidemment est toute autre suivant le titre en vertu duquel vous êtes assigné. Je n'ai pas à entrer ici dans ces diverses distinctions. Vient le nom de la personne qui vous assigne. Un simple particulier, le ministère public, une société, l'Etat, l'Administration, etc. Cette partie est toujours énoncée au début de l'assignation et conçue en ces termes : A la requête de M. un tel.

Le Tribunal devant lequel vous êtes invité à comparaître, la chambre, le jour et l'heure et qui s'exprime ainsi : d'avoir à comparaître tel jour, à telle heure, devant telle chambre du Tribunal de tel endroit.

L'objet ou le motif de l'assignation, ainsi conçu : pour s'entendre condamner à payer à mon requérant telle ou telle somme, à exécuter telle ou telle obligation ou se voir condamner à telle ou telle peine prévue par la loi pour délit ou contravention, ou bien si vous êtes témoin ou expert, pour être entendu en qualité de témoin ou d'expert dans la cause d'entre telle partie contre telle autre partie.

Il y a donc cinq points dont vous devez vous préoccuper dans une assignation :

1° Si celle-ci vous concerne bien ;

2° Le nom de la partie qui vous invite à comparaître ;

3° La qualité en vertu de laquelle vous êtes cité et qui vous crée une situation toute différente suivant les cas ;

4° L'objet ou le motif de la comparution ;

5° Le lieu, le Tribunal, la chambre, le jour, l'heure où l'affaire sera entendue.

Une fois bien fixé sur ces différents points, vous pouvez négliger tous les autres considérants de la pièce judiciaire.

Mais vous le comprenez, une question doit retenir votre attention, c'est celle de savoir ce que vous aurez à répondre à cette invitation. Pour cela il vous suffit de comprendre bien nettement l'objet de la demande.

Vous réclame-t-on de l'argent? Exige-t-on de vous l'exécution d'une obligation ? Êtes-vous poursuivi pour un délit ou une contravention quelconque ? A vous de le savoir.

Mais il arrive fréquemment que vous croyez ne pas être tenu alors qu'en réalité il peut exister une obligation quelconque à votre insu.

Dans tous les cas douteux, la première chose à faire est de prendre l'avis d'une personne autorisée, c'est-à-dire d'un avocat ou avoué. Gardez-vous de demander conseil à des personnes, comme il s'en trouve souvent, qui ont la prétention de tout connaître et méfiez-vous en général des agents d'affaires, qui ne sont que trop souvent de malhonnêtes gens. Leur ignorance peut vous entraîner à commettre parfois des erreurs irréparables, de même que leur désir excessif d'engager une affaire vous entraîne à faire des frais trop souvent inutiles.

Il ne faut pas croire, cependant, que le concours d'un homme de loi vous soit toujours indispensable.

Dans toutes les causes simples, claires, que vous pouvez nettement établir, en quelques mots avec preuves à l'appui, ne vous imaginez pas qu'un concours quelconque vous soit utile ou puisse ajouter quelque chose à votre défense.

Si toutefois, devant le Tribunal, un fait imprévu venait à se produire pour vous, très fréquemment le Président ou le Juge viendrait à votre secours pour vous expliquer la portée de l'incident. Si cependant il ne le faisait pas, vous n'auriez qu'à vous adresser à lui pour demander des explications et vous auriez soin de ne pas vous gêner, en y mettant bien entendu toutes les formes de déférence voulues. Si le Président vous répondait, ce qui peut arriver, qu'il n'a pas d'avis à vous donner et que c'est à vous de suivre vos inspirations, vous demanderiez la remise de l'affaire pour prendre avis d'un conseil. Pour le cas où cette remise vous serait refusée, vous insisteriez en faisant observer, que considérant votre cas comme extrêmement simple, vous n'avez pas cru utile de vous faire assister. Que devant le point imprévu que l'on vient de vous soumettre et dont vous ne comprenez pas la portée, vous demandez la remise de l'affaire. Si le Président, ce qui serait cependant étonnant, vous refusait cette remise, vous auriez simplement à vous retirer séance tenante en déclarant au Tribunal, que force vous est de faire défaut. Vous irez ensuite consulter un avocat qui vous indiquera la marche à suivre.

Mais dans ce petit débat qui a surgi, vous aurez toujours bien soin de ne pas vous laisser aller au moindre emportement. Evidemment, quand on sait que l'on a raison, qu'on a tout au moins tous les motifs pour le croire et quand on sait son adversaire de mauvaise foi, on a souvent de la peine à contenir son indignation.

Vous auriez grand tort cependant de vous oublier au point de commettre une incartade quelconque devant le Tribunal. On pourrait ériger en principe qu'en justice, ceux qui se fâchent sont presque toujours considérés comme ayant tort. D'ailleurs vous vous exposeriez à être vertement rappelé à l'ordre par le Président. Il faut une patience de bénédictin parfois, pour se défendre en justice. Restez toujours calme, maître de vous-même, plein de respect pour magistrats et avocats, et si votre cause est bonne vous avez beaucoup de chances de l'emporter.

CHAPITRE III

DU CHOIX D'UN CONSEIL

La plupart des plaideurs s'imaginent que la question du choix d'un conseil n'est pas d'une importance bien décisive. Du moment qu'un avocat est régulièrement inscrit au tableau de l'ordre, il semble que ce titre suffise pour lui reconnaître les connaissances et les aptitudes voulues pour plaider en justice et dès lors il n'y a plus qu'une question de talent en jeu. Rien n'est cependant moins exact qu'une telle opinion.

On conçoit aisément qu'il suffise à un pharmacien d'avoir acquis les connaissances voulues constatées par le diplôme universitaire, pour composer des drogues, à un notaire pour rédiger des actes, à un avoué pour représenter les parties, à un ingénieur pour dresser des plans usuels, à un docteur pour soigner une maladie connue ; on conçoit également que les connaissances acquises suffisent à un avocat pour donner un conseil.

Mais pour diriger une affaire en justice avec des chances de succès, pour la plaider dans son ensemble, dans toutes ses ramifications, avec tous les incidents qu'elle peut soulever, la question n'est pas du tout la même.

La profession d'avocat demande plus que tout autre une abondance de qualités, qu'on trouve très rarement réunies chez un seul homme.

La question de talent n'est pas indifférente, mais il est si difficile pour le client de discerner le genre de talent qui convient le mieux à la défense de ses intérêts.

En principe, ce n'est pas le grand public, comme beaucoup l'imaginent, qui crée la notoriété d'un avocat.

C'est avant tout et surtout le monde du Palais et particulièrement les magistrats et les avocats eux-mêmes.

Aussi si vous avez une affaire importante à plaider, si vous voulez être renseigné à bonne source sur l'homme le mieux qualifié pour se charger de vos intérêts, adressez-vous de préférence aux gens de robe.

Méfiez-vous des recommandations qui abondent toujours, et qui sont dictées, beaucoup trop souvent, par des considérations tout autres que celles inspirées par la réelle valeur de la personne proposée.

Plus que toute autre, la profession d'avocat excluant rigoureusement, en vertu de ses statuts constitutifs, toute réclame directe, ne se fait que grâce aux recommandations des parents, des amis et par les influences mondaines.

A peine un jeune avocat est-il nouvellement inscrit qu'aussitôt on met en œuvre toutes les relations, toutes les influences pour lui créer une clientèle et celle-ci, est-il besoin de le dire, se fait presque toujours au détriment des intérêts du client.

Que de fois j'ai vu de graves intérêts confiés à un avocat complètement inexpérimenté, dont le manque de connaissances pratiques du métier, dont le défaut d'assurance et l'insuffisance absolue de talent compromettait gravement une affaire qui aurait pu se présenter sous un jour peut être très favorable.

Pour bien faire saisir le danger qu'il y a de confier des intérêts à un avocat qui n'a pas une expérience consommée du métier, je citerai un exemple qui m'est toujours resté dans la mémoire.

Un jeune avocat plaidait en cour d'assises pour un client qui avait commis un faux. Toutefois, le fait reproché à l'accusé, aux termes de la loi, ne pouvait constituer un faux et partant le fait n'était pas punissable. Il l'avait d'ailleurs admirablement démontré dans sa plaidoirie. Le jury se retire pour délibérer et quelques instants après rapporte un verdict affirmatif. Le Président accorde la parole à l'avocat, suivant l'usage, pour plaider sur la peine à appliquer. Celui-ci veut déposer des conclusions en droit sur le fait même pour faire déclarer par la Cour que le faux n'existe pas. Il était trop tarp, il aurait du prendre ses conclusions avant le verdict.

La Cour se retire et rentre pour prononcer un arrêt condamnant l'accusé à 10 années de travaux forcés.

Celui-ci se pourvoit en cassation. La Cour suprême, tout en reconnaissant le bien fondé des arguments développés, est obligée de se déclarer impuissante parce que, par une nouvelle inadvertance de l'avocat, le client s'était simplement pourvu sur l'arrêt incidentel et non sur l'arrêt principal.

Voilà un exemple frappant, et malheureusement ils abondent, des conséquences que peut entraîner le choix imprudent d'un conseil.

Autant de genre d'affaires, autant d'ailleurs de talents différents.

Tel avocat célèbre pour ses plaidoiries en cour d'assises ne convient aucunement devant un Tribunal de commerce.

Tel autre réputé pour sa profonde connaissance du Droit civil est d'une compétence très limitée en matière administrative.

Tel autre possède à fond les lois rurales et forestières et est très peu ferré en matière de procédure.

Tel a la réputation d'étudier minutieusement une affaire, tel autre s'en remet de ce soin à ses stagiaires et se borne à lire attentivement leurs notes remises dans le dossier et à plaider en confiance.

Tel a l'habitude de rédiger des conclusions serrées et ne laissant rien à l'imprévu ; tel autre les libelle en quelques lignes, se réservant de les développer suivant les besoins de la cause,

Tel avocat plaidant, très convenablement, doit pour atteindre ce résultat étudier mûrement ses arguments dans son cabinet. Tel autre est un magnifique improvisateur et se fie aux inspirations de l'audience.

Tel se laisse décontenancer par un incident d'audience ; tel autre garde tout son sang-froid et possède le talent de la riposte.

Tel sait admirablement conduire une enquête, interroger subtilement les témoins et en tirer tous les avantages possibles ; tel autre se laisse complètement démonter par son adversaire, abandonne les témoins à eux-mêmes et ne sait tirer aucun profit de son enquête.

Tel possède une étonnante facilité d'assimilation et sait éplucher les rapports d'experts les plus arides ; tel autre pour arriver à un résultat parfois insuffisant doit se livrer à un travail écrasant pour lui.

Tel avocat possède la confiance des magistrats ; tel autre est fort mal accueilli par eux, pour des causes diverses, tout en étant un parfait honnête homme.

C'est surtout devant les Tribunaux de province que ces considérations sont souvent capitales.

Les opinions politiques d'un avocat, les relations de famille ou simplement d'amitié avec les magistrats sont parfois décisives.

J'ai vu des quantités de fois en province, tel avocat plaidant devant un Tribunal composé en majeure partie de juges d'opinion contraire à la sienne, se faire assister d'un autre confrère de l'opinion de la majorité du Tribunal pour contrebalancer l'influence de l'avocat adverse.

Ce sont là, me direz-vous, des considérations bien étrangères à l'esprit de justice le plus élémentaire. J'en conviens bien volontiers. Elles sont cependant souvent d'un poids énorme dans la décision d'un procès et il est indispensable que le client ne les perde pas de vue dans le choix d'un conseil.

A lui de se renseigner judicieusement sur tous ces points et en ayant bien soin de le faire sans laisser soupçonner qu'il a des intérêts à confier, sans quoi il se verrait de suite assailli par les agents d'affaires qui sont sans cesse à l'affût des procès, et qui ont leurs protégés qui les paient indirectement.

Le grand tort du public est de s'en remettre trop souvent à la notoriété qu'un avocat s'est créée en plaidant des affaires retentissantes, et comme celles qui attirent le plus l'attention du public sont les aflaires criminelles, il s'ensuit que les avocats de Cour d'assises, comme on les nomme, se forment très facilement une nombreuse clientèle.

Ce sont cependant, à part évidemment les grands talents, de toute première envergure, ce sont, dis-je, les avocats de Cour d'assises qui ont le plus rarement l'oreille des Tribunaux.

Ce genre de talent, qui est souvent très tapageur, n'a pas l'heur de plaire aux magistrats, qui ne se laissent pas facilement influencer de cette manière et qui semblent mettre une certaine coquetterie à rester insensibles aux plus beaux effets oratoires.

En somme, les qualités les plus recommandables chez l'avocat sont : l'honnêteté, la conscience, le travail, la facilité d'assimilation, la possession de soi-même, le sang-froid, un langage clair, précis, peu recherché et pénétrant. Ajoutez à cela, pour chaque cas particulier, autant que possible une connaissance spéciale des matières sur lesquelles il est appelé à plaider.

Confier de graves intérêts à un jeune avocat, même remarquablement intelligent, sans le faire assister d'un confrère expérimenté, est toujours dangereux.

La profession requiert avant tout unc grande pratique du métier et ceci ne s'acquiert évidemment qu'avec l'âge.

CHAPITRE IV

DES AFFAIRES QUI REQUIÈRENT LE CONCOURS D'UN AVOCAT ET DE CELLES OU IL EST INDIFFÉRENT

Il y a quatre judiridictions où le concours de l'avocat est exigé par la loi. Ce sont : le Tribunal civil, la Cour d'appel, la Cour de cassation et la Cour d'assises.

Au Tribunal civil et devant la Cour jugeant au civil, les parties sont représentées par des avoués et leurs explications sont fournies par les plaidoiries des avocats.

Ce n'est qu'à titre tout à fait exceptionnel que le président autorise toute autre personne à plaider qu'un avocat inscrit au tableau de l'ordre.

Dans les contestations civiles devant le juge de paix, les affaires étant relativement de minime importance et la procédure étant simple, très souvent, les parties suffisent à s'expliquer entre elles. Le juge de paix est, par excellence, le juge conciliateur. Mais tout dépend des circonstances, et il est bon d'être extrêmement prudent et de ne pas trop se fier à sa propre assurance. Les questions les plus simples peuvent subitement se hérisser de difficultés. Dans ces circonstances, il est toujours préférable, si l'on n'est pas assisté, de se retrancher derrière son ignorance et de demander des explications au juge qui pourra, suivant les cas, les fournir ou non. En cas de refus, on demandera, comme je l'ai expliqué plus haut, la remise, ou on se retirera en déclarant que l'on fait défaut.

Devant les Tribunaux de commerce, la question devient plus grave. La contestation peut être de très minime importance, tout comme elle peut être d'un chiffre très élevé. Sous ce rapport, depuis le développement extraordinaire qu'a pris le commerce sous toutes ses formes, on peut dire que le Tribunal qui juge ces contestations est devenu de beaucoup le plus important.

Tout le monde étant autorisé à se défendre personnellement devant un Tribunal de commerce, il importe de retenir pour la défense de ses intérêts devant celui-ci, les mêmes observations que celles que je viens de faire quant aux Justices de paix, toutefois avec cette réserve importante qu'il s'est établi devant la juridiction commerciale un mode d'appel des causes et des formules de réponse y appropriées qui sont tellement nombreuses qu'il est bien difficile pour un simple particulier de s'y reconnaître. De préférence donc, si vos moyens vous le permettent, se faire assister d'un conseil.

Devant les Tribunaux répressifs, l'assistance d'un conseil dans les affaires graves est toujours obligatoire.

Le juge d'instruction d'ailleurs, en France, ne peut ouvrir son information avant d'avoir invité le prévenu à se munir d'un défenseur.

Devant le juge de paix, siégeant comme juge de simple police, on peut affirmer que, dans les trois quarts des cas, le concours d'un avocat est absolument inefficace.

Quand une personne est poursuivie pour une contravention quelconque et qu'elle est en aveu, que peut bien faire au prévenu l'assistance d'un conseil. Réclamer l'indulgence du juge, qui pourra tout au plus se traduire par une différence de quelques francs d'amende. Les honoraires de l'avocat absorberont bien pour le double ou le triple, sinon plus, le bénéfice bien éventuel qu'il a pu retirer de son concours. J'ai même constaté, dans bien des cas, que la présence d'un avocat qui allongeait bien inutilement le débat, était de nature à indisposer le juge.

Or, et ceci est un point à ne jamais perdre de vue, le juge est un homme et subit parfois inconsciemment les influences du moment les plus diverses et les plus minimes et celles-ci se traduisent souvent malgré lui dans son jugement.

CHAPITRE V

DE LA TOILETTE QU'IL CONVIENT DE METTRE POUR L'AUDIENCE

Les observations que contient ce chapitre ne sont pas à dédaigner, quoiqu'on puisse en penser. Quand on se présente en justice, on ne doit négliger aucun détail qui puisse vous faire gagner les sympathies des magistrats, ou qui puisse vous diminuer à leurs yeux dans la plus légère mesure. Or, à cet égard, la toilette a son importance.

Evidemment, on ne se présente pas devant un Tribunal dans un état négligé. On doit soigner sa mise. Mais il ne faut pas, par contre, s'imaginer qu'on y vient comme si on se rendait à une soirée de gala. Pas d'exagération dans un sens ou dans l'autre. L'ouvrier, la femme du peuple doivent être proprement vêtus. Il n'est pas nécessaire qu'un ménage se mette en frais pour acheter des vêtements nouveaux. La propreté, le luxe des pauvres, est amplement suffisante. La classe bourgeoise doit être simple. L'aristocatrie et surtout la haute finance doivent éviter de chercher à éblouir les magistrats par la richesse de leurs mises. C'est non seulement d'un goût fort douteux, mais cela produit souvent une idée de méfiance. Rien ne ressemble plus à un richissime banquier qu'un escroc de grande marque.

La femme doit particulièrement se méfier de cette tendance qu'elle a toujours de chercher à plaire. Pas de toilette trop recherchée ou extravagante, tapageuse ou trop luxueuse. Pas de couleurs voyantes ; pas de parfums trop pénétrants, pas de plumes, rubans ou colifichets aux nuances trop vives. En principe, la simplicité, la simplicité absolue, aussi complète que possible.

On ne s'imagine pas l'impression que produit sur le Tribunal et l'auditoire en général l'apparition subite d'un témoin dans une mise équivoque à force d'être recherchée.

La personne fort innocemment est la seule à ne pas voir le sourire narquois qui passe sur les lèvres des magistrats et des avocats et ne comprend pas que cette seule impression de ridicule suffit pour amoindrir considérablement l'effet de sa déposition.

Un magistrat, à l'œil exercé, juge de suite, au premier coup

d'œil, le témoin, et trop souvent sur sa tournure extérieure. Avant même qu'il n'ait ouvert la bouche il l'a taxé, et si son impression est défavorable celui-ci aura beaucoup de peine à racheter par la sincérité de sa déclaration l'opinion première que le juge s'est faite de lui.

Aussi ne saurions-nous assez recommander aux dames du demimonde, qui sont parfois appelées devant un Tribunal, de s'abstenir de la manière la plus rigoureuse de tout ce qui constitue les armes extérieures de leur séduction, si elles désirent que leur déposition soit prise en considération. Une mise de couleurs sombres, simple et une attitude aussi décente, aussi modeste qu'elles le peuvent. Pas d'allure trop engageante, pas d'œillades assassines aux juges et avocats, comme je l'ai maintes fois constaté. Car non seulement leur déposition dans ces conditions est de nul effet, mais elle cause parfois beaucoup de tort à la personne qui l'a fait citer en qualité de témoin.

Au résumé, tout cela est une question de bon sens et de goût et le chapitre n'est écrit que pour les personnes qui ont une propension à l'extravagance et dont elles doivent sérieusement se méfier quand elles se présentent en justice.

CHAPITRE VI

DU MOYEN DE SE RETROUVER DANS UN PALAIS DE JUSTICE

Après avoir observé les quelques recommandations que je viens de faire au sujet de la toilette qui convient pour paraître à l'audience et qui a son importance, en dépit de ce que l'on pourrait en croire, il faut vous arranger de façon à arriver au moins un bon quart d'heure avant l'heure fixée pour l'ouverture de la séance.

Si vous êtes appelé dans un canton où il n'y a qu'une Justice de Paix, il vous sera facile de vous retrouver. Mais si vous devez vous rendre à un chef-lieu de Justice, au siège d'un Tribunal de première instance, pour peu que celui-ci ait une certaine importance, il faut bien vous garder d'entrer dans une salle d'audience sans vous informer exactement si c'est là que sera jugée l'affaire pour laquelle vous êtes appelé.

A cet effet, il faut toujours avoir soin de se munir de l'assignation qui vous a été remise par l'huissier et où se trouvent consignées toutes les indications nécessaires.

Il peut y avoir dans un même Palais, plusieurs salles de justice de paix ou de simple police, plusieurs chambres civiles, plusieurs chambres correctionnelles et si vous êtes appelé devant une Cour d'appel, il y a lieu de tenir compte des mêmes distinctions.

Vous trouverez d'ailleurs les indications nécessaires dans votre citation ainsi libellées, 1er, 2e, 3e canton de Justice de Paix ; ou bien, 1re, 2e, 3e Chambre civile ou correctionnelle du Tribunal de 1re instance ou de la Cour d'appel.

D'ailleurs, presque toujours le nom des chambres se trouve inscrit en grandes lettres au-dessus de la porte d'entrée.

Mais malgré toutes ces nombreuses indications, très souvent on se trompe et il est toujours bon de s'assurer si l'on est bien dans la salle voulue, auprès de l'huissier audiencier qui se trouve en robe dans l'enceinte du Tribunal.

Une fois rassuré sur ce point, vous n'avez qu'à attendre l'ouverture de la séance, et l'appel de la cause dans laquelle vous êtes impliqué à un titre quelconque.

S'il vous arrivait d'être en retard et que la séance fut déjà ouverte quand vous entrez, ne vous bornez pas à demander les renseignements au sujet de la salle où vous vous trouvez à un agent de la force publique : gendarme, garde municipal ou autre agent qui est là pour maintenir l'ordre, vous risqueriez souvent d'être induit en erreur. Ceux-ci sont amenés là accidentellement par leur chef de service et ne connaissent souvent pas les distinctions qui existent entre les différentes chambres d'un même Tribunal.

D'ailleurs si vous êtes en retard, vous devez avoir soin de vous renseigner immédiatement auprès de l'huissier du point de savoir si la cause où vous êtes appelé n'a pas encore été entendue. Si elle l'avait déjà été et que vous fussiez attrait devant le Tribunal soit en qualité de prévenu, soit en qualité de demandeur ou défendeur, on aurait vraisemblablement en votre absence prononcé un jugement par défaut contre vous et il est indispensable que vous fassiez constater par le Tribunal le motif de votre absence, de façon à ce que quand votre affaire reviendra un autre jour sur l'opposition que vous devrez y faire, vous ayez un motif plausible d'excuse à invoquer.

Si c'était en qualité de témoin ou d'expert que vous deviez comparaître, le Tribunal, sur les réquisitions du Ministère public ou d'une des parties en cause, aura pu vous condamner comme témoin défaillant.

En faisant valoir votre excuse sur le champ, le Tribunal rapportera très souvent son jugement ou en tous cas, sur opposition prononcera, si le motif que vous invoquez est fondé, votre acquittement.

Si, par hasard, vous arriviez au moment même où le Tribunal examinait l'affaire où vous êtes impliqué, vous vous présenteriez immédiatement devant le Tribunal et auriez soin de ne pas rester dans la salle, sinon votre témoignage pourrait être écarté comme suspect.

CHAPITRE VII

DE L'APPEL DES CAUSES ET DE LA PRÉSENCE A L'AUDIENCE

Une fois installé bien sûrement dans la salle où doit être jugée l'affaire qui vous intéresse, vous attendez jusqu'à ce que la séance, étant ouverte, l'huissier audiencier appelle à haute voix la cause qui vous concerne.

Si vous êtes partie intéressée, vous entendrez évidemment votre nom et, sortant du public, vous avancerez vers le Tribunal.

Mais par contre, si vous êtes témoin, vous aurez soin de retenir le nom des parties pour lesquelles vous venez déposer, car dans la plupart des cas, l'huissier, après avoir appelé l'affaire un tel contre un tel, criera à nouveau : tous les témoins dans l'affaire Pierre contre Jean, par exemple, avancez.

Ce sera le moment pour vous de vous présenter devant le Tribunal, bien que votre nom n'ait pas été cité. Vous devez donc bien retenir exactement les noms de l'affaire dans laquelle vous devez être entendu.

Il se trouve parfois qu'étant à l'audience on soit dans la nécessité de se retirer pour quelques instants. Vous aurez toujours soin d'attendre qu'on ait appelé une affaire nouvelle. Comme chaque cause demande un certain temps pour être examinée, en vous retirant au moment même où on en commence l'audition, vous aurez presque la certitude de rentrer toujours en temps voulu.

Il est bon de tenir compte de ces observations, sinon il pourrait vous arriver de rentrer dans la salle au moment où on examinerait déjà l'affaire qui vous concerne et vous vous exposeriez à être très mal reçu par le président qui n'aime pas en général que l'on manque d'égards envers le Tribunal.

Une recommandation importante à observer strictement est de ne pas aller prendre des consommations dans les cabarets d'alentour, à l'appel de chaque nouvelle affaire, sous prétexte de tuer le temps. Vous risqueriez fort de vous présenter dans un état peu convenable devant le Tribunal et en tous cas de ne pas posséder tout le calme nécessaire, tout le sang-froid voulu pour faire votre déposition et répondre aux interpellations qui vous seront adressées.

Or, on ne badine pas avec la justice, et si celle-ci parfois vous traite un peu par dessus la jambe, elle ne tolère jamais la moindre inconvenance. Et si par hasard il vous arrivait de manquer de respect à Messieurs les magistrats, à moins que vous ne sachiez racheter par de rapides excuses votre manque d'égards, cela pourrait à l'occasion vous coûter dur.

CHAPITRE VIII

DE L'IMPOSSIBILITÉ DE COMPARAITRE ET DE L'INCAPACITÉ D'ESTER EN JUSTICE

Si, le jour où vous devez comparaître, vous étiez dans l'impossibilité matérielle de le faire, il y aurait lieu de faire constater cette impossibilité et d'en envoyer l'attestation au président du Tribunal, au procureur ou à l'avocat de l'une des parties.

Mais il faut bien s'entendre sur le sens du terme impossibilité. La loi exige une impossibilité physique absolue. Aucune excuse d'autre genre n'est admise. Ni la distance, ni les frais de déplacement, ni les obligations résultant d'affaires urgentes, ni celles découlant d'une profession quelconque, administrative ou non, ni un voyage projeté dont le retard entraînerait à de grandes pertes; rien, aucune excuse n'est admise, si ce n'est celle provenant d'une impossibilité physique, dont la principale et la seule qui se prépré-sente habituellement est une maladie grave ou celle d'un des membres de sa famille et qui requiert absolument votre présence.

Il va sans dire que dans ce cas vous aurez soin de faire constater la maladie par un homme de l'art et d'envoyer le cerficat médical en temps voulu.

Parfois, dans des circonstances exceptionnelles, si votre témoignage est considéré comme indispensable, le Tribunal ou la Cour délègueront un juge qui recevra votre déposition à domicile.

A cette rigoureuse obligation de se rendre aux invitations de la justice, certains hauts personnages seuls, suivant les pays, sont dispensés de se déplacer.

Tels sont les souverains, rois, présidents de République, princes royaux, ministres. Nous n'en parlerons pas ici.

Mais si l'obligation de comparaître en justice est un devoir civique qui passe avant tous les autres et incombe à tout le monde, sauf les quelques exceptions mentionnées plus haut, par contre une certaine catégorie de personnes sont déchues du droit d'ester en justice, la loi ne les jugeant pas dignes d'inspirer confiance.

Tels sont : les déments de toute catégorie, interdits, colloqués, en liberté, monomaniaques.

Les personnes contre lesquelles un Tribunal a prononcé une peine criminelle.

Les personnes en état de faillite déclarée.

Enfin les enfants en dessous de l'âge de 16 ans.

On appelle interdit, la personne démente contre laquelle le Tribunal a prononcé l'interdiction et à laquelle on a adjoint un tuteur. Cette déchéance est absolue.

Une personne colloquée est celle dont les parents ont provoqué l'internement momentané dans une maison de santé. Leur cas ne peut non plus être douteux.

Pour ce qui est des déments en liberté, la question peut se compliquer, et en cas de contestation sur l'état mental du témoin, il y aurait lieu à l'occasion de recourir à une enquête pour établir la démence. Tel est le cas notamment pour les maniaques, monomaniaques imbéciles, faibles d'esprit, gâteux, etc.

Tous ces témoins pourront être écartés après une enquête sommaire en cas de contestation sur leur état mental.

Il est facile de constater la déchéance provenant d'une condamnation criminelle. Celle-ci résulte d'un acte officiel authentique.

Quant aux faillis, on a longuement discuté la rigueur du législateur à leur égard. Cette déchéance, à mon sens, est tout bonnement insensée.

Outre qu'il est profondément injuste de marquer d'une tare un homme qui a pu être déclaré en faillite tout en étant de fort bonne foi, comment expliquer que cet individu incapable d'ester en justice aujourd'hui, parce qu'il est en retard de payement, pourra recouvrer toute sa capacité et inspirer à nouveau confiance aux magistrats le jour où il se sera réhabilité en remboursant intégralement ses créanciers.

Je le répète, c'est une disposition absolument incohérente, un vestige des anciens âges où on allait jusqu'à autoriser les créanciers, à couper leur débiteur en morceaux et même une trace du rigorisme que naguère encore le législateur avait à l'égard du débiteur en autorisant le créancier, grâce à la contrainte par corps, à le faire emprisonner en cas de non payement.

C'est une remarque à faire à travers les âges. Si l'homme a de l'indulgence et l'accorde assez facilement pour les fautes morales, il est barbarbe, impitoyable quand il s'agit de ses intérêts.

Ce cas de déchéance, espérons-le, ne tardera pas à disparaître de la législation. Mais pour le moment elle subsiste, et il faut la respecter.

Cependant, pour que quelqu'un puisse être écarté à ce titre, il faut que le jugement le condamnant pour faillite soit définitif et non pas susceptible d'appel.

Par exemple, si un commerçant après avoir été déclaré en faillite depuis un mois seulement par le Tribunal de commerce, venait à être appelé en qualité de témoin devant une juridiction quelconque, il pourra encore être entendu, parce que le délai d'appel étant de trois mois et celui-ci n'ayant pas encore expiré, on ne peut pas savoir si le failli provisoire, se pourvoyant en appel, le jugement du Tribunal de commerce ne sera pas annulé par la Cour.

Enfin les enfants âgés de moins de 16 ans ne peuvent témoigner en justice. Toutefois, le Tribunal pourra les entendre à titre de simple renseignement, et alors on ne leur fera pas prêter serment.

Si donc une personne se trouvant dans l'une des catégories susmentionnées venait à être citée par erreur en justice en qualité de témoin, elle doit immédiatement faire connaître la cause de son incapacité au président, au ministère public, ou à l'avocat de l'une des deux parties.

Je lui donne sérieusement le conseil de ne pas se présenter devant le Tribunal pour éviter de se voir infliger en public une douloureuse humiliation.

Mais son devoir, en tous cas, est de prévenir l'une des personnes que j'indique plus haut, sinon il pourrait lui arriver que le Tribunal, ignorant la cause de sa déchéance, prononce contre elle un jugement de condamnation pour absence, à tort évidemment; mais il lui faudra faire annuler ce jugement, ce qui lui occasionnera des ennuis et des frais bien inutiles.

Il y a encore quelques cas spéciaux où des personnes sont considérées non pas comme incapables d'une manière absolue, mais dans un cause particulière.

Cette interdiction n'entraîne pour elles aucune espèce de déchéance et elle peut être encourue par les personnes les plus respectables, les plus haut placés. Ce sont simplement des motifs spéciaux qui font que telle partie ne peut avoir, en raison de circonstances diverses, une créance suffisante dans le désintéressement du témoin.

Ces personnes devront être reprochées, dit-on, en termes de droit, par la partie adverse.

Ces reproches n'étant jamais exercés que par les avoués ou les avocats des parties, je me bornerai à citer les principaux à titre d'exemple :

Les parents ou alliés de l'une ou de l'autre partie jusqu'au degré de cousin issu de germain inclusivement; les parents ou alliés des conjoints au degré ci-dessus, si le conjoint est vivant ou si la partie ou le témoin en a des enfants vivants; si le conjoint était décédé sans laisser de descendants pourront être reprochés, les parents et alliés en ligne directe, les frères, beaux-frères, sœurs et belles-sœurs.

Pourront encore être reprochés : le témoin héritier présomptif ou donataire; celui qui aura bu ou mangé avec la partie ou à ses frais, depuis la prononciation du jugement qui a ordonné l'enquête; celui qui aura donné des certificats sur les faits relatifs au procès; les serviteurs, les domestiques, le témoin en état d'accusation; celui qui aura été condamné à une peine criminelle ou même à une peine correctionnelle pour vol.

CHAPITRE IX

DE LA SIGNATURE DES DÉCLARATIONS. — DES DIFFÉRENTES CATÉGORIES DE TÉMOINS. — DE LA TAXE AUX TÉMOINS

Il y a deux classes de témoins : les témoins judicaires et les témoins extrajudiciaires.

Les seconds sont: les témoins aux actes de l'état civil et aux actes notariés.

Les premiers se subdivisent en deux catégories :

Les témoins devant les Tribunaux civils et de commerce ; les témoins devant les Tribunaux répressifs.

Pour être admis comme témoin aux actes de l'état civil il faut être du sexe masculin, âgé de 21 ans.

Toutefois en France une loi récente a admis également les femmes aux actes de l'état civil. Les témoins peuvent être parents, alliés ou non, des déclarants devant l'officier de l'état civil. Les étrangers sont également admis.

Les témoins aux actes notariés doivent être nationaux (Français, Belges, etc.), âgés de 21 ans, du sexe mâle, sachant signer, et domiciliés dans l'arrondissement communal où l'acte a été passé.

Les témoins aux testaments passés par devant notaires ne pourront être ni les légataires à quelque titre que ce soit, ni leurs parents ou alliés jusqu'au quatrième degré inclusivement ; ni les clercs des notaires par lequel le testament sera reçu.

Pour être témoin judiciaire, il suffit d'être âgé de plus de 16 ans, de n'avoir encouru aucune déchéance et de n'être pas dans la catégorie des personnes contre lesquelles on peut exercer des reproches et dont j'ai parlé plus haut, c'est-à-dire, parent, allié, domestiques, etc., des parties.

Je n'ai à m'occuper ici que des témoins judiciaires.

Ceux-ci se subdivisent en témoins civils et témoins répressifs. Les conditions d'admissibilité sont les mêmes : il n'y a de différence que quant à certaines formalités que je vais rapidement signaler.

Les témoins civils doivent être régulièrement assignés aux frais des parties qui les font citer.

C'est-à-dire qu'il faut qu'ils soient appelés en vertu d'une assignation en règle faite par huissier et dont les frais sont plus ou moins élevés.

Les témoins répressifs sont presque toujours invités par un simple avis émanant du Parquet et qui leur est remis par huissier, mais qui n'a pas les caractères d'un acte d'huissier, c'est-à-dire d'un acte authentique.

Ces deux modes de citation produisent des effets différents.

L'assignation remise au témoin civil, contiendra toujours le jugement qui a ordonné l'enquête, ainsi que l'énoncé des faits admis à être prouvé par le Tribunal et sur lesquels le témoin sera interrogé. Celui-ci sait donc à l'avance sur quels points il sera interpellé.

Le simple avis remis au témoin répressif ne contient aucune indication autre que les noms du prévenu et le délit pour lequel il est poursuivi.

Le témoin civil étant régulièrement assigné devra comparaître et s'il ne le faisait pas ou ne faisait pas valoir en temps voulu une excuse valable, il serait condamné par ordonnance du Juge commis par le Tribunal pour recevoir l'enquête, à une somme qui ne pourra être moindre de dix francs, au profit de la partie, à titre de dommages et intérêts ; il pourra de plus être condamné par la même ordonnance à une amende qui ne pourra excéder la somme de cent francs. Cette ordonnance du Juge-Commissaire sera exécutoire nonobstant opposition ou appel.

De plus, le témoin défaillant sera réassigné à ses frais.

Si le témoin réassigné était encore défaillant, il sera condamné, avec contrainte par corps, à une amende de cent francs ; le Juge-Commissaire pourra même décerner contre lui un mandat d'amener.

Si le témoin justifie qu'il n'a pu se présenter au jour indiqué ; le Juge, apres sa déposition, le déchargera de l'amende et des frais de réassignation.

Le Juge pourra également accorder un délai à un témoin dans l'impossibilité de comparaître, ou déléguer un autre Juge pour recevoir sa déposition.

Le témoin répressif n'ayant reçu qu'un simple avis à comparaître, ne pourra être condamné en cas d'absence ; mais le Tribunal ordonnera alors qu'il sera régulièrement assigné par huissier et cette fois il sera tenu de se présenter devant le Tribunal, sinon il encourrait les pénalités du témoin défaillant.

Mais je donnerai le conseil de ne jamais refuser de se rendre devant la justice sous prétexte qu'on est pas régulièrement assigné, car le témoin, après avoir été cité par huissier dans les formes voulues, risquerait fort de passer un très mauvais quart d'heure.

Une autre distinction très importante est celle-ci.

En principe devant les Tribunaux civils, le témoin après avoir fait sa déposition et que lecture lui en a été donnée, sera tenu d'apposer sa signature sur le registre d'audience en même temps que le juge et le greffier y apposeront la leur. Il n'y a d'exception à cette règle que dans les affaires de justice de paix non susceptibles d'appel, dans les affaires sommaires et dans les affaires au Tribunal de commerce non susceptibles d'appel également. Inutile d'expliquer ces differentes distinctions de juridiction. Si le témoin civil ne peut signer ou ne veut pas signer, il en sera fait mention.

Tout autre est la situation du témoin répressif.

Celui-ci, quand il est appelé devant le Juge d'instruction, devra signer sa déposition tout comme devant le Tribunal civil et s'il ne sait pas ou ne veut pas signer, il en sera fait mention.

Mais lorsqu'il comparaît directement devant le Tribunal de simple police, correctionnel, la Cour d'appel ou la Cour d'assises, sans avoir été entendu dans l'instruction préparatoire, il n'a pas à signer sa déclaration faite à l'audience.

Les conséquences, on le comprend, sont toutes différentes, en cas de poursuites pour faux témoignage.

Un témoin qui a signé sa déclaration ne peut plus en contester la teneur, lecture d'ailleurs lui en ayant été donnée avant d'être invité à y apposer sa signature.

C'est pourquoi, on le comprend, il est de toute importance de bien saisir le sens des termes employés par le Juge pour reproduire votre déposition. Le témoin a toujours le droit de demander des explications ; de contester le sens d'un mot et pour le cas où il ne tomberait pas d'accord avec le Président ou le Juge, sous prétexte que sa pensée n'est pas exactement ou clairement rendue, il pourra toujours, c'est son droit strict, refuser d'apposer sa signature.

Par contre, le témoin répressif qui n'a pas été appelé à signer sa déclaration, pourra toujours se retrancher derrière des inexactitudes possibles de rédaction pour justifier une contradiction. On ne pourra lui opposer le résumé de sa déposition acté au registre, car on ne lui en a pas donné lecture et il ne l'a pas signé.

Cependant il arrive qu'un témoin répressif soit invité par le Président ou sur la demande de la défense ou du Ministère public, à signer au registre d'audience sa déclaration après qu'il lui en a été donné lecture. Le témoin, devant une telle demande, doit bien se mettre sur ses gardes.

Il est évident que son témoignage est considéré comme suspect et il a tout à craindre en un pareil moment. S'il n'a pas dit la vérité, qu'il tâche de se reprendre adroitement, qu'il cherche une excuse à son inexactitude, qu'il s'efforce de gagner du temps et en fin de compte qu'il déclare qu'il a pu se tromper ; qu'il demande à réfléchir. Car j'ai vu dans bien des cas un témoin, après avoir été harcelé par le Président, l'avocat et le Ministère public, maintenant contre toute vraisemblance ses déclarations premiéres, invité par le Président à signer sa déclaration et une fois la signature apposée le Ministère public demander son arrestation immédiate.

Aussitôt ordre était donné par le Président à deux gendarmes d'avancer et d'emmener le témoin. Ces cas sont heureusement rares, mais ils se présentent.

Une dernière différenee existe encore entre ces deux catégories de témoin ; elle concerne la taxe.

Devant le Tribunal civil le témoin étant payé par la partie qui l'a fait citer, le Tribunal se montre beaucoup moins parcimonieux que pour les témoins répressifs dont les frais sont avancés par l'Etat.

En principe, pour l'appréciation du chiffre de la taxe à accorder au témoin, on tient compte du salaire d'une journée de travail. Si le témoin a du se faire remplacer dans son travail, les frais du remplaçant seront également portés en compte. Il y aura lieu de tenir compte également des frais de déplacement.

Si le témoin n'exerce pas de profession on le taxera au prix de quelques francs.

Le Président demandera toujours au témoin s'il requiert la taxe et mention en sera faite au registre et le Juge apostillera sa citation en mentionnant la somme à payer.

Devant le Tribunal civil, en pratique, c'est toujours l'avoué ou l'avocat qui paie directement à l'audience le témoin.

Au Tribunal correctionnel, simple police, Cour d'assises, le Président porte sur l'avertissement remis au témoin pour comparaître, le chiffre de la taxe qui lui sera remise au greffe. A part en Cour d'assises, la taxe devant les Tribunaux répressifs est généralement uniforme.

CHAPITRE X

DE LA MANIÈRE DE SE PRÉSENTER DEVANT UN TRIBUNAL ET DE L'ATTITUDE A L'AUDIENCE

Comparaître en Justice est pour beaucoup de personnes une grave affaire. Ce n'est pas qu'en elle-même la chose soit bien terrible. Une personne appelée à un titre quelconque devant des magistrats n'est jamais qu'une preuve vivante. Sa personnalité disparaît ou du moins doit disparaître totalement.

Ce n'est pas toujours le cas cependant et pour le grand nombre des personnes appelées à déposer en justice, les unes, s'en font une idée réellement terrifiante, au point d'en avoir des cauchemars la nuit. D'autres, par contre, y voient l'occasion de faire ressortir, de mettre en relief toute leur personnalité et s'ils en ont également le sommeil troublé, c'est à un tout autre point de vue. Leur préoccupation unique est de paraître, de produire leur effet. Aussi ces derniers, se préparent-ils de longue main et se font-ils une idée extravagante du rôle qu'on attend d'eux. Ils étudient les moindres mots de leur déposition, observent leurs gestes, cherchent des attitudes et le jour de la comparution, le grand jour pour eux, se croient appelés à prononcer un véritable discours qui fera sensation.

D'autres visent à faire des mots, des traits d'esprit.

D'autres, encore, se préparent à attaquer vigoureusement la partie adverse, ou à défendre énergiquement leurs amis. Quelle n'est pas la déception de tous ces braves gens, naïfs ou ridicules, lorsqu'en quelques paroles brèves, coupantes et énergiques, le Président les ramène sur le terrain de la réalité, où il les retient impitoyablement enserrés dans un questionnaire qui ne prête pas aux fantaisies de leur imagination.

Tout cela est faux et ne rentre pas dans le rôle du témoin. Celui-ci doit avant tout se pénétrer de cette idée bien nette, qu'il est appelé à rapporter devant le Tribunal des faits tels qu'ils lui sont apparus, des paroles telles qu'ils les a entendues, ou à donner des renseignements qu'il peut avoir sur telle ou telle personne, en ne perdant jamais de vue qu'il doit strictement dire ce qu'il sait, sans rien innover, broder ou ajouter. Le rôle du témoin doit se renfermer dans des limites très étroites. S'il est sincère, ou a le désir de l'être en disant rigoureusement la vérité il n'a aucun danger à courir et n'a à craindre aucune menace ni de l'avocat de la partie adverse, ni du Ministère public.

Mais un témoin doit toujours bien se pénétrer de cette idée qu'il n'est pas appelé pour rendre service à un ami, ou accabler un adversaire, mais bien uniquement pour éclairer la Justice sur un fait qu'elle ignore. Aussi ne saurait-on assez recommander aux témoins de ne pas se départir de ce rôle. Je le répète en restant dans ces limites strictes ils n'ont absolument aucune crainte à avoir. Mais s'ils en sortent, soit par bienveillance, soit par animosité pour ajouter des détails inexacts, ou qui n'existent pas, ils ont tout à redouter.

Non seulement ils ne savent pas quelle conséquence peut avoir la moindre exagération de leur part, ou la moindre inexactitude dans un sens ou dans l'autre, ils sont incapables d'en calculer les effets et par là peuvent parfois encourir le risque de poursuites pour faux témoignage, mais encore sont-ils presque toujours certains d'être attaqués vigoureusement par l'avocat ou le Procureur, ceux-ci ayant toujours le moyen par les pièces au dossier, ou le rapprochement de témoignages, de démontrer l'inexactitude, l'exagération, la bienveillance ou l'animosité de leur déposition. Ces quelques réserves faites, examinons quelle doit être l'attitude du témoin à l'audience.

Une femme se présente à visage découvert, sans voilette ou si elle désire en porter une, elle a soin au moment où elle se trouve devant le Tribunal de la relever. Si elle l'oubliait le Président l'inviterait à se découvrir le visage.

On tient les gants à la main. La droite que l'on doit lever pour prêter serment doit toujours être nue.

Si on a à la main son chapeau, un parapluie, une canne, une ombrelle, on les conserve jusqu'à ce que l'huissier de service vienne vous en débarrasser.

D'habitude devant les témoins se trouve une table sur laquelle on dépose alors soi-même ces objets.

Un témoin doit rigoureusement s'abstenir de tenir un papier résumant sa déposition. Cela lui est interdit. Quand il sort de la chambre des témoins et pénètre dans la salle d'audience, il se dirige sans s'arrêter, sans regarder le public ni faire avec les personnes qu'il y reconnaîtrait aucun signe d'intelligence. Il marche droit devant lui et s'arrête à quelques pas devant le Tribunal. S'il y a des marches devant lui, il a soin de ne pas les gravir, à moins d'y être invité par le Président. Comme devant les Tribunaux supérieurs, notamment devant la Cour d'assises, le témoin peut parfaitement être décontenancé à la vue du monde qui l'environne de toute part, il lui est très facile de reconnaître la place occupée par les magistrats devant lesquels il doit se présenter aux signes distinctifs suivants :

Le Tribunal occupe toujours une place plus élevée que le public et fait face à celui-ci.

Par conséquent, quand le témoin pénètre dans la salle il n'a qu'à regarder où se trouve le public, il est certain qu'en face de celui-ci se trouveront les magistrats devant lesquels ils doit déposer.

La remarque a surtout son importance pour la Cour d'assises, où la Cour comprend dans une même enceinte, séparée du public, les magistrats la composant, le jury d'un côté et le banc des avocats vis-à-vis de lui ; un peu entre le banc de la défense et la Cour proprement dite se tient le Procureur ou ses substituts. Comme avocats, Ministère public, magistrats portent à peu près tous la même robe, j'ai très souvent constaté que les témoins, et qui n'étaient pas de petits personnages cependant, se trompaient souvent et se tournaient soit vers le Procureur, soit vers le banc des avocats.

Cette confusion sera facilement évitée en observant ce que je dis plus haut. La Cour, le Tribunal, les magistrats quelconques devant lesquels un témoin doit déposer, occupent une place supérieure et font directement face au public. En tenant compte de cette remarque élémentaire il n'y a pas moyen de se tromper.

Une fois en présence du Tribunal, le témoin s'incline légèrement. Mais surtout pas d'exagération dans le salut. Car si les magistrats aiment qu'on ait du respect pour la Justice, ils n'aiment pas en général la platitude.

Le témoin ne prend jamais le premier la parole. Il attend que le Président l'interroge. Il garde la tête droite et a bien soin de ne pas se retourner pour voir ce qui se passe dans la salle. Jamais pour aucun motif il n'est permis de tourner le dos au Tribunal.

C'est ainsi qu'au cours de l'interrogatoire si le Procureur ou l'avocat lui adressent la parole, il tourne, mais très légèrement la tête par déférence, mais il a soin de faire sa réponse au Président.

D'ailleurs, en principe, un avocat ne peut jamais adresser directement la parole à un témoin. C'est toujours par l'organe du Président que la question lui est posée.

Mais il arrive parfois que dans la chaleur de la discussion, et il faut bien le dire, suivant la notoriété de l'avocat, le Président laisse poser directement la question au témoin et autorise celui-ci à répondre directement.

Dans ces circonstances il aura toujours soin, tout en s'inclinant légèrement vers l'avocat, de ne pas tourner le dos au Tribunal, ni pas même de se tourner directement vers l'avocat. Il se gardera bien de ne pas engager un dialogue avec lui.

Sa réponse il la fera en regardant le Président, auquel seule elle peut être adressée. Le témoin est appelé en Justice pour éclairer le Tribunal et non pour donner des renseignements aux parties.

Dans les interrogatoires serrés, comme celui auquel je fais allusion, le témoin doit particulièrement s'observer, se tenir sur ses gardes et ne pas se laisser aller à prononcer quelque parole malencontreuse. Ces moments où le témoin est harcelé par l'avocat ne sont pas des plus faciles à passer et parfois provoquent une surexcitation nerveuse dont on à peine à se défendre. Il y a des avocats qui ont un talent extraordinaire pour retourner un témoin. Celui-ci doit s'efforcer de rester ferme, maître de lui-même, dominer sa nature. C'est une lutte, lutte parfois terrible où il ne l'emportera qu'à force de sang-froid. Qu'il ne perde jamais de vue que sa personnalité n'est pas en jeu, mais bien ses appréciations ; l'avocat ne cherche pas à le déconsidérer, mais à démontrer l'erreur d'une appréciation, la fausseté d'un jugement, l'inexactitude probable d'une observation faite par lui. Mais que le témoin ne s'avise jamais de prendre l'avocat à partie sous prétexte que celui-ci dénature sa pensée. Qu'il n'oublie jamais que les questions sont sensées être posées par le Président et que c'est à lui qu'il doit adresser ses réponses.

A plus forte raison qu'il n'adresse pas à l'avocat une de ces violentes apostrophes comme je l'ai déjà vu faire, quand il se trouve à bout d'arguments. Qu'il reste toujours sur le même terrain, qu'il en revienne à sa déclaration première, et disc au Président : « Monsieur le Président, vous m'avez demandé telle chose. J'ai répondu de telle façon. J'ai vu, j'ai entendu, constaté, j'apprécie ainsi, c'est tout ce que je peux ajouter ». De cette façon tout l'assaut que l'avocat vous a livré se trouve passablement réduit dans ses effets.

Au résumé, la position du témoin doit toujours rester la même. Faire face au Tribunal et adresser ses réponses au Président. Il est bon de ne jamais perdre de vue cette règle de tenue, parce que j'ai vu différentes fois des témoins rappelés aux convenances par le Tribunal.

Le Procureur et ses substituts ont le droit de s'adresser directement au témoin. Mais la plupart du temps, dans la pratique et par convenance, il font poser la question par l'organe du Président.

En Cour d'assises, les jurés ont également le droit de poser des questions. Or une question partant du banc des jurés a presque toujours pour effet de faire retourner le témoin vers ceux-ci. C'est que le jury ne faisant qu'exceptionnellement usage de ce droit, le témoin en est plus vivement impressionné.

Le témoin est presque toujours invité, dans ce cas, à répondre au juré qui lui a posé la question. Il se retournera donc légèrement vers celui-ci, mais sans changer de position, à moins qu'il n'y soit autorisé par le Président et cela arrivera très fréquemment quand la question a une certaine importance, car les jurés étant juges ont le droit et intérêt à dévisager le témoin.

Quand un juré pose une question, il faut toujours bien s'observer dans sa réponse, parce qu'il est manifeste que le seul fait, que le point sur lequel il veut obtenir une déclaration a de l'importance pour lui, suffit pour que le témoin s'attende à ce que sa déposition soit minutieusement discutée.

Le témoin, disais-je plus haut, doit toujours attendre que le Président lui adresse la parole.

Quelques fois il pourra se passer quelques instants avant que le Tribunal ne s'occupe de lui. Le témoin remarquera un échange d'observations entre le Président, les Juges, le Procureur et les Avocats.

Il ne faut pas que cet entretien, qui semble bien grave pour lui, l'émotionne en quoi que ce soit. Ces entretiens chuchotés ou à voix haute peuvent avoir différentes causes.

Il peut y avoir erreur dans le nom du témoin.

On peut avoir interverti l'ordre d'appel. Il se peut qu'il y ait deux témoins de noms identiques.

Une seule question peut intéresser le témoin dans ces circonstances. C'est le cas où il serait dans la catégorie des personnes ayant encouru la déchéance du droit d'ester en justice et dont j'ai parlé dans un des chapitres plus haut, ou encore qu'il y aurait entre lui et l'une des parties un lien ou une circonstance qui entraînerait le reproche.

CHAPITRE XI

DE L'INDIVIDUALITÉ DU TÉMOIN

Une fois ces formalités préliminaires accomplies, le Président s'adresse au témoin dans ces termes :

Vous êtes Monsieur un tel (nom, prénom). Une fois votre réponse affirmative faite, le Président reprend.

Eh bien, Monsieur un tel, veuillez nous décliner, vos nom, prénoms, profession, âge, domicile.

Cette question a pour effet souvent de surprendre le témoin, non seulement parce que le Président venait de lui demander ses noms, mais parce que toutes ces indications nécessaires se trouvent dans l'assignation, ou bien il les a déjà fournies dans l'instruction préparatoire.

La raison de cette question est que le témoin, en déclinant ses noms et qualités devant le Tribunal le fait sous sa responsabilité, et, s'il y avait erreur voulue de sa part, il s'exposerait à des poursuites.

Si le témoin n'exerce pas de profession, mais possède un titre, à moins que celui-ci soit un titre universitaire, il se déclare sans profession.

On ne donnera pas, par exemple, un titre de noblesse, ni d'un ordre quelconque dont on est décoré. On ne se déclarera pas rentier, ce qui n'est pas une profession. Le titre de propriétaire est admis, parce qu'il entraîne certaines occupations, parfois très absorbantes. Un écrivain s'intitule homme de lettres. Docteur en droit, en médecine, ingénieur, etc.

Tous ces titres se déclarent, quand bien même on exercerait pas. Les métiers infâmes ne s'avouent pas.

Ainsi une femme qui vit de la prostitution, se déclarera sans profession. Les beaux Messieurs qui sont leurs protecteurs habituels quand, par suite d'erreur inexplicable, se voient assignés en qualité de témoin, donneront le titre de leur profession ancienne. S'ils n'en ont jamais eu, ils se tireront d'embarras comme ils le pourront, car s'ils étaient reconnus sans moyen d'existence et de domicile connus, ils se verraient arrêter pour vagabondage.

Les hommes généralement avouent leur âge sans difficulté. Mais les dames font très souvent des manières et cherchent à dissimuler devant le public un aveu qui leur paraît pénible. Si elles n'ont pas le courage de dire leur âge à voix haute, qu'elles approchent du Président et le disent de façon à ne pas être entendues. Mais qu'elles ne cherchent pas à se rajeunir. Elles doivent dire la vérité sur tous les points.

Le domicile est une question de fait. C'est le siège de votre principal établissement, c'est-à-dire là où vous avez vos occupations habituelles, vos intérêts d'argent, de famille, d'affection, etc.

Pour un commerçant, industriel, c'est là où il a sa maison de commerce. Pour une personne exerçant une profession libérale, avocat, docteur, professeur, ingénieur, etc., la où ils ont leurs bureaux. Pour un rentier, la maison qu'il habite d'habitude. Pour un propriétaire, là où se trouvent ses principales propriétés. S'il en possède dans différentes contrées d'un même pays, là où il réside habituellement.

Une femme est domiciliée toujours chez son mari, quand bien même elle serait séparée de lui de fait. Un enfant mineur chez ses parents, à moins qu'il n'ait une position qui lui donne l'indépendance. S'il est orphelin, chez son tuteur.

Un noble qui possède de nombreuses propriétés, châteaux et maisons de maître en ville, aura parfois de la peine à discerner son domicile réel. Il habite parfois peu de temps ses différentes demeures et aucun intérêt particulier ne le retient plutôt à tel endroit qu'en tel autre. Son domicile sera de préférence au château de famille, où il touche ses fermages, où se trouvent les tombeaux de ses ancêtres.

Une fois votre individualité bien établie, le Président vous demandera si vous n'êtes ni parent, ni allié, ni au service des parties.

Parent ou allié sont des termes très clairs.

Au service des parties signifie, si vous êtes serviteur ou domestique de ceux-ci.

S'il existait un tel lien entre vous et l'une des parties vous le feriez connaître au Président. Les avocats pourront alors exercer les reproches.

CHAPITRE XII

DU SERMENT EN JUSTICE.

Pour prêter serment vous levez la main droite. Le Président vous donne la formule et vous répétez textuellement ce qu'il exige de vous.

Le serment ordinaire est celui-ci : « Je jure de dire la vérité, toute la vérité, ainsi m'aide Dieu. »

En Cour d'assises le serment est un peu plus compliqué; il est ainsi conçu :

« Je jure de parler sans haine et sans crainte, de dire la vérité, toute la vérité, rien que la vérité. »

De plus, le Président après avoir fait décliner aux témoins leurs noms et qualités, leur demandera s'ils connaissaient l'accusé avant le fait mentionné dans l'acte d'accusation.

Quand le témoin aura terminé sa déposition le Président lui demandera encore en le priant de regarder l'accusé : Est-ce bien, de l'accusé ici présent que vous avez entendu parler.

L'accusé pourra interpeller lui-même le témoin.

Le serment peut-il être évité sous prétexte que l'on ne croit pas à la divinité? Non; la loi est formelle.

Le serment sera prêté à peine de nullité. C'est-à-dire que si un témoin se refuse à invoquer la divinité, son témoignage sera purement et simplement écarté.

J'ajouterai, tout en respectant toutes les convictions que cette démonstration est purement théâtrale.

Vous jurez de dire la vérité. C'est-à-dire de reproduire exactement ce que vous avez vu. entendu, ou apprécié.

Toute la vérité : c'est-à-dire que vous aurez soin de ne rien omettre de ce que vous savez. Il ne suffit pas de dire quelque chose et de faire des restrictions. Il faut dire tout ce que vous connaissez.

Le serment en Cour d'assises exige que vous parliez sans haine et sans crainte. Tout cela, il faut bien le reconnaître n'est que du verbiage.

Il n'y a pas plus de motif que vous ne parliez sans haine et sans crainte pour une déposition que vous auriez à faire devant tout autre Tribunal.

Il ne vous est pas plus permis de parler avec haine ou crainte devant une autre juridiction.

La formule en Cour d'assises ajoute encore, rien que la vérité. Cette observation s'applique également à toutes les dépositions devant n'importe quel magistat. En somme le législateur a été quelque peu grotesque en faisant ces distinctions dans la formule du serment. Il a cru devoir allonger la formule en Cour d'assises pour donner plus de solennité à la déposition. C'est la seule explication possible.

Quel est le véritable sens de l'expression : ainsi m'aide Dieu !

Celui-ci est clair à la lecture. Il n'a pas d'autre signification que : Ainsi Dieu me soit en aide, que Dieu m'assiste, que Dieu me seconde dans la mission qu'on exige de moi.

C'est donc une invocation à la Divinité.

Autrefois la formule ajoutait encore : Dieu, la Sainte Vierge et tous ses Saints.

Dans les anciennes coutumes la formule variait quelque peu et était accompagnée d'un geste symbolique ; soit en apposant la main sur la Bible, soit en l'étendant vers l'image du Christ.

La législation unifiée a conservé la formule simple et expressive de l'invocation à la seule divinité. Elle est suffisamment impressionnante pour un esprit sincèrement religieux.

Certains magistrats dans la pratique font prêter serment aux témoins avec une désinvolture très singulière. En agissant ainsi, j'estime qu'ils faussent complètement l'esprit de la loi.

La partie essentielle du serment est évidemment l'invocation à la Divinité. La preuve en est que le seul fait de refuser de prêter serment suffit pour écarter votre témoignage. Enfin la loi interdit aux enfants, parents, alliés, etc., d'être entendus ; toutefois ils sont admis parfois à titre de simple renseignement et la seule différence qui existe entre leur déposition et celle des témoins est qu'ils n'ont pas à prêter serment.

On voit donc l'importance décisive que le législateur attache à ce préambule de toute audition en justice.

Le témoin au moment où il est appelé à prêter serment doit se recueillir. C'est un acte solennel que cette invocation à la Divinité.

Il doit fouiller dans sa conscience pour en chasser la moindre idée de mensonge.

Une fois bien pénétré de la grandeur de son devoir, il peut parler impunément.

CHAPITRE XIII

DU FOND DE LA DÉPOSITION ET DES CIRCONSTANCES ACCESSOIRES

Nous voilà arrivés au terme de nos explications.

Une fois votre individualité bien établie et le serment prêté, le président aborde ce qui constitue l'objet de votre déposition.

Il y a lieu d'établir une classification à cet égard.

Une personne peut être appelée en qualité de témoin à différents points de vue.

1° Soit comme témoin déposant sur le fond même de l'affaire, c'est-à-dire sur l'ensemble des faits;

2° Soit sur une question de détail ou une circonstance quelconque;

3° Soit comme témoin de moralité;

4° Enfin comme expert.

J'examinerai tout d'abord la question d'expertise, sans m'y attarder. En effet, l'expert est ou bien commis par le Tribunal, le juge ou par l'avocat de l'une des parties. Il lui sera toujours très facile d'obtenir des renseignements précis sur les devoirs de sa charge et toutes les formalités qu'elle comporte auprès des parties intéressées.

L'expert est un homme auquel on reconnaît une compétence spéciale, de nature scientifique, ou autre, et au rapport duquel on s'en remet du soin de trancher un point douteux et pour lequel les parties et le Tribunal ne se reconnaissent pas de lumières suffisantes.

Il prête un serment de nature différente de celui imposé aux témoins et doit déposer un rapport écrit au greffe et qu'il sera appelé à défendre oralement devant le Tribunal, quand l'affaire viendra pour être jugée.

Le témoin de moralité est un personnage important eu égard à l'une des parties en faveur de laquelle il apporte l'autorité de sa situation, de son honorabilité, pour attester la régularité, la probité de celle-ci.

Ces témoins, dont on doit se garder de faire abus et que l'on doit surtout choisir très judicieusement, sont la plupart du temps des personnages officiels, tels que maires, adjoints, députés, conseillers, sénateurs, magistrats, gros commerçants, chefs d'industrie, ingénieurs, avocats, membres de l'aristocratie, grands propriétaires, hommes de grande notoriété.

Toute l'importance de leur témoignage dépend du crédit moral dont ils jouissent.

Leur déposition, malgré la considération qu'ils inspirent, peut parfois être de nul effet, tout comme aussi elle peut être décisive. Tout dépend des circonstances.

S'agit-il d'un prévenu dont les antécédents sont mauvais, convaincu d'un délit avec préméditation. Quelle que soit l'importance morale du monsieur qui lui apportera un brevet d'honorabilité, sa condamnation sera certaine et le témoin ne pourra guère le rendre intéressant aux yeux du Tribunal.

S'agit-il au contraire d'un prévenu accidentellement poursuivi, dont le passé est irréprochable, dont la faute peut trouver une excuse dans des circonstances diverses, alors pour peu que le personnage soit important et que sa déposition soit énergique, que l'on sente en lui un intérêt réel pour la personne du prévenu, il pourra peut-être lui rendre par son attestation d'honorabilité un signalé service.

Mais abordons ce qui constitue l'essence d'une déposition en justice.

Ici nous devrons encore faire une distinction entre les Tribunaux civils et répressifs.

Le témoin est-il appelé à déposer devant un Tribunal civil, après l'accomplissement des formalités du serment et avoir bien établi son individualité, le président s'adresse d'abord à l'avocat de la partie au nom de laquelle le témoin est cité. Par l'assignation qu'il a reçue avec copie du Jugement ordonnant l'enquête et les divers points sur lesquels celle ci doit porter, il sait à l'avance sur quelles matières il sera interrogé.

Le président, pour ne pas perdre de temps, demande à l'avocat sur quel point il désire interroger le témoin. Le conseil de la partie indique immédiatement le point mentionné par numéros dans le jugement et le président pose la question en donnant quelques développements pour permettre au témoin d'en saisir la portée.

Aussi n'y a-t-il pas devant les Tribunaux civils lieu de faire cette distinction entre témoin sur le fonds et témoin sur une question accessoire.

On interroge un témoin sur un fait, deux faits, trois faits ou plus.

Prenons un exemple. Il s'agit d'un divorce.

Après de longs débats, le Tribunal a admis le mari, je suppose, à prouver que sa femme se conduisait mal. A cet effet, le mari, par l'organe de son avoué, a libellé certains faits admis à être prouvés par le Tribunal.

Le témoin, dans son assignation, aura reçu le libellé de ces faits. Il n'y a pas de circonstance principale ou accessoire. Le tout, l'ensemble des faits particuliers tend à prouver que la femme se conduisait mal, et, une fois les faits établis, le divorce pourra être prononcé.

Toute autre est la situation du témoin en matière répressive. Le délit ou le crime présente le caractère d'un fait unique, principal. Les circonstances qui l'ont accompagné, précédé ou suivi sont accessoires. De là, distinction.

En matière criminelle, correctionnelle ou de police, il y a donc lieu d'établir la classification dont nous parlons plus haut, savoir : Le témoin sur le fond, le témoin sur les circonstances accessoires

Prenons un exemple. Vous avez assisté à un meurtre le soir. Vous étiez à quelques pas de l'assassin sans que celui-ci ait pu s'en douter. Vous comprenez de suite l'importance capitale de votre déposition. Vous serez donc un témoin appelé à déposer sur le fond de l'affaire.

S'il s'agit d'établir si le meurtrier a agi avec préméditation et que vous étiez en compagnie du meurtrier le jour où il a acheté l'arme dont il s'est servi, vous êtes témoin d'une circonstance accessoire.

Si on a trouvé sur l'assassin une lettre semblant indiquer l'idée préconçue du crime et que vous ayez été présent au moment ou il a écrit cette lettre et que vous puissiez en expliquer le sens, vous serez encore témoin d'une circonstance accessoire.

De même si l'accusé invoque un alibi et que vous puissiez établir qu'à l'heure où le crime a été commis vous étiez à un endroit écarté du lieu où le meurtre a eu lieu en compagnie de l'accusé.

Le témoin sur le fond dira ce qu'il sait avec beaucoup de circonspection. Il ne doit jamais perdre de vue que son témoignage est décisif et que partant il sera examiné de très près. On comprend évidemment combien il sera exploité par la partie civile ou le Ministère public et combien il sera épluché par l'avocat de la défense.

Pour ébranler une déposition sur le fond l'avocat harcèlera le témoin sur les circonstances du fait, sans compter qu'il scrutera à fond sa moralité, sa personnalité.

Reprenons notre exemple de plus haut. Le témoin a assisté, tout en étant dissimulé à la scène du meurtre.

L'avocat commencera par faire préciser l'endroit où est tombé la victime. Il demandera au témoin à quelle distance il se trouvait en ce moment. Il exigera que le témoin explique comment il a pu se dissimuler. Il s'enquerrera de l'heure où l'acte a été accompli. Il se reportera à l'époque de l'année. Il fera vérifier si l'endroit était suffisamment éclairé pour permettre de reconnaître l'assassin. Il réclamera au besoin une descente sur les lieux pour la reproduction de la scène. Il fera vérifier par experts l'exactitude sur les distances. Il demandera que le témoin explique sa présence à cette heure sur le lieu du crime. Il recherchera dans le bulletin météorologique si cette nuit là, le ciel était couvert ou non. Enfin la déclaration du témoin sera examinée sous toutes ses faces. Aussi, mais à condition évidemment que le témoin soit absolument sincère, je lui donnerai le conseil de ne jamais être trop affirmatif sur ces questions de détail. Mais que le témoin ne perde jamais de vue que nos sens peuvent nous abuser étrangement. Il y a parfois des ressemblances extraordinaires. Il faut donc toujours se méfier de soi-même, de ses impressions premières, et pour pouvoir être catégorique dans ses affirmations il faut qu'il y ait un ensemble d'observations faites rapidement qui vous permettent de croire que vous ne pouvez pas commettre d'erreur.

Le témoin sur le fond d'une affaire criminelle doit être excessivement scrupuleux. Qu'il ne perde pas de vue, que s'il persiste dans ses déclarations il prend sur sa conscience la responsabilité du jugement à intervenir. Car si le Tribunal ou la Cour n'ont pas de motif pour se méfier de lui, pour douter de sa sincérité, c'est lui qui entraînera inévitablement la condamnation.

Mais si le témoin est réellement sûr du fait, s'il a la certitude absolue qu'il ne commet pas d'erreur, alors qu'il ne se laisse pas entraîner par l'avocat sur un terrain où il pourra le convaincre de contradiction et ébranler sa déposition. Et pour cela qu'il ne réponde pas trop catégoriquement sur les questions de détail. Qu'il s'en tienne à son affirmation unique, j'ai vu, ou j'ai entendu; je ne commets pas d'erreur. C'est tout ce que j'ai à ajouter. Maintenant quant à dire la distance a laquelle je me trouvais, le temps qu'il faisait, etc., tout cela n'est pas précis dans ma mémoire. Mais ce que j'ai retenu, c'est le fait que j'ai indiqué. Voilà le langage du témoin absolument sûr de son fait.

Quant au témoin sur circonstances accessoires, il ne doit jamais en principe dépasser les limites de la déposition qu'il a à faire; il doit s'en tenir rigoureusement à la déclaration qu'on attend de lui sur un fait déterminé, au risque de compromettre sérieusement tout l'effet de son témoignage.

C'est un travers dans lequel tombent beaucoup de personnes. Appelées en justice pour donner tel ou tel renseignement accessoire elles ont une tendance à parler du fait principal et vont parfois jusqu'à vouloir donner un brevet de moralité au prévenu.

C'est gâter complètement l'effet de la déposition sur le point spécial que l'on voulait obtenir d'eux.

Il en est de même pour les témoins de moralité. Ils ne doivent pas se mêler, comme cela arrive trop souvent, d'entrer dans le débat pour donner leur appréciation sur les faits ou pour chercher à disculper le prévenu.

Enfin, et ceci est une remarque générale à l'adresse de tous les témoins. Qu'ils se gardent de charger le plaignant comme souvent on le fait maladroitement.

La personnalité du plaignant n'est pas en cause ou du moins ne les regarde pas. C'est à l'avocat à s'occuper de celui-ci s'il le juge à propos. Or, je le répète, le témoin n'a pas à plaider.

CHAPITRE XIV

DE LA CONFRONTATION

La confrontation est une mesure ordonnée d'office par le Président ou sur les réquisitions d'une des parties. Elle a lieu, lorsque deux témoins sont en contradiction formelle sur un même point.

C'est le moment plus que jamais pour un témoin de s'observer. Car il est manifeste que l'un des deux ment. Le Tribunal est parfois fort embarrassé de savoir auquel des deux témoins il doit accorder sa confiance. En les faisant comparaître en même temps et en les forçant à s'expliquer face à face, les magistrats ou les parties espèrent saisir dans leur jeu de physionomie, dans le degré de force ou de faiblesse de leurs affirmations ou de leur raisonnement, dans leur assurance ou leur confusion, lequel des deux fait un faux témoignage.

Il n'y a pas de conseil à donner en pareille occurence.

Celui qui est dans le vrai, tout en conservant surtout tout son sang froid, continuera à affirmer catégoriquement, et s'il le peut, confondra son antagoniste par une preuve palpable. Le témoin qui a hasardé un mensonge tâchera de se tirer de ce mauvais pas en alléguant une excuse quelconque, mais avec adresse. Car il ne faut pas oublier que le témoin convaincu de mensonge, peut être arrêté sur le champ.

Toutefois, je dois dire que j'ai déjà assisté à ce dialogue entre deux témoins où l'un était aussi affirmatif que l'autre et où il était impossible de savoir lequel des deux disait vrai. Mais c'est un jeu terriblement dangereux de la part de celui qui ment et malheur à lui si on vient à découvrir le mensonge. Plus il aura été affirmatif, plus son cas sera grave.

CHAPITRE XV

DE LA REMISE TEMPORAIRE ET DE LA REMISE INDÉFINIE D'UNE AFFAIRE

Il ne nous reste plus qu'à dire quelques mots au sujet de la remise d'une affaire.

En matière civile, toute enquête commencée doit être terminée dans la huitaine à peine de nullité.

Cependant si l'enquête ne peut être terminée dans ce délai, le juge pourra en vertu d'un jugement proroger l'enquête et celle-ci sera remise à une date ultérieure.

Mais le juge ne pourra jamais accorder plus d'une prorogation. Les témoins tiendront donc compte du jour où l'enquête sera remise et auront soin de se représenter ce jour-là et ils sont certains qu'à la date fixée, celle-ci devra se prolonger jusqu'à ce quelle soit terminée. Ils reviendront donc au jour fixé et auront soin, s'ils réclament la taxe, de porter en compte toutes les journées qu'ils auront perdues et leurs frais de déplacement.

En matière répressive il n'y a pas de limites. Toutefois il est rare qu'une affaire soit remise. Si elle l'était, le Président en informerait les témoins en leur indiquant le jour où ils devront comparaître à nouveau.

Ce jour-là ils pourront réclamer leur taxe pour les diverses journées perdues et leurs frais de déplacement.

Mais il arrive parfois qu'une affaire soit remise indéfiniment. C'est que l'affaire a été mal instruite, ou qu'il y a une erreur entâchant la procédure de nullité. Dans ces cas les témoins devront attendre qu'ils soient réassignés. Toutefois comme dans la plupart des cas il arrive qu'une affaire remise indéfiniment ne revient pas du tout, il est plus prudent de se faire payer la taxe aux témoins immédiatement.

CHAPITRE XVI

OBSERVATIONS GÉNÉRALES

Nous avons terminé notre tâche. Evidemment dans notre travail, il peut y avoir beaucoup de lacunes. Il n'est pas possible dans une telle matière de prévoir tous les cas qui peuvent se présenter. Nous pensons cependant qu'avec les quelques règles que nous nous sommes efforcés de tracer, les personnes appelées à comparaître en justice pourront facilement se tirer d'embarras et s'éviter les ennuis, les observations et les admonestations qui leur sont souvent adressées en cas d'erreur de leur part.

En fait, la grande majorité du public ignore les lois et les pratiques en usage auprès de la justice. En droit il ne leur est pas permis de les méconnaître.

Ce petit recueil pourra leur rendre service pour autant que l'on veuille se donner la peine de retenir les quelques points que j'y ai traités avec le plus de simplicité possible.

On ne doit jamais au surplus se faire un épouvantail de la Justice quand on a le désir réel d'être sincère et de ne pas sortir des limites de ce que l'on sait.

Mais il ne faut jamais prendre une comparution à la légère. C'est un devoir, un devoir très élevé et on doit savoir se dégager de toutes les influences qui tendent à vous faire dévier du droit chemin. Pour peu qu'on s'en écarte, il y a l'écueil qui n'est pas mince, la poursuite pour faux témoignage.

Car ce n'est pas parce que les magistrats sont parfois très indulgents pour les inexactitudes qu'il faut se croire permis d'en faire à dessein.

On pourra rencontrer 99 fois sur cent l'indulgence ou l'indifférence des Juges et à la centième fois pour un détail qui vous paraîtra négligeable, vous pourrez subitement voir se dresser devant vous une des parties prenant des réquisitions.

D'ailleurs tous les mensonges concertés à l'avance sont presque toujours déjoués en justice, et celle-ci a trop de moyens d'investigations à sa disposition pour qu'on puisse la leurrer vainement.

FIN

TABLE DES MATIÈRES

Imprimerie de Poissy. — Lejay fils et Lemoro.

www.ingramcontent.com/pod-product-compliance
Ingram Content Group UK Ltd.
Pitfield, Milton Keynes, MK11 3LW, UK
UKHW021131230726
13926UKWH00002B/732

9 782016 176344